云南省地方标准

多孔隙超薄磨耗层应用技术规范

DB 53/T 768—2016

人民交通出版社股份有限公司
China Communications Press Co.,Ltd.

图书在版编目(CIP)数据

多孔隙超薄磨耗层应用技术规范／云南公投建设集团有限公司编著. — 北京：人民交通出版社股份有限公司，2017.5

ISBN 978-7-114-13838-6

Ⅰ.①多… Ⅱ.①云… Ⅲ.①路面—公路养护—技术规范 Ⅳ.①U418.6-65

中国版本图书馆 CIP 数据核字(2017)第 112807 号

书　　名：	多孔隙超薄磨耗层应用技术规范
著　作　者：	云南公投建设集团有限公司
责任编辑：	刘永芬
出版发行：	人民交通出版社股份有限公司
地　　址：	(100011)北京市朝阳区安定门外外馆斜街 3 号
网　　址：	http://www.ccpress.com.cn
销售电话：	(010)59757973
总 经 销：	人民交通出版社股份有限公司发行部
经　　销：	各地新华书店
印　　刷：	北京市密东印刷有限公司
开　　本：	880×1230　1/16
印　　张：	1
字　　数：	17 千
版　　次：	2017 年 11 月　第 1 版
印　　次：	2017 年 11 月　第 1 次印刷
书　　号：	ISBN 978-7-114-13838-6
定　　价：	15.00 元

(有印刷、装订质量问题的图书由本公司负责调换)

目 次

前言 II
1 范围 1
2 规范性引用文件 1
3 术语 1
4 适用条件 1
5 材料 2
6 配合比设计 4
7 施工 5
8 施工质量管理和验收 8

前 言

本标准按照GB/T 1.1—2009《标准化工作导则 第1部分:标准的结构和编写》给出的规则起草。

本标准由云南公投建设集团有限公司提出。

本标准由云南省交通运输标准化技术委员会(YNTC13)归口。

本标准起草单位:云南公投建设集团有限公司。

本标准主要起草人:李国锋、郝培文、唐江、蒋鹤、严恒、李昌洲、李佳佳、沈盼、叶六地、郁彩霞、徐正邦。

DB 53/T 768—2016

多孔隙超薄磨耗层应用技术规范

1 范围

本标准规定了多孔隙超薄磨耗层（Porous Ultrathin Wearing Course，简称 PUWC）术语定义、适用条件、原材料要求、配合比设计方法、施工工艺以及质量控制标准。

本标准适用于高速公路、一级公路沥青路面采用多孔隙超薄磨耗层进行预防性养护的设计与施工，城市道路及其他等级道路参照执行。

2 规范性引用文件

下列文件对于本文件的应用是必不可少的。凡是注日期的引用文件，仅注日期的版本适用于本文件。凡是不注日期的引用文件，其最新版本（包括所有的修改单）适用于本文件。

JTG E20   公路工程沥青及沥青混合料试验规程
JTG E42   公路工程集料试验规程
JTG E60   公路路基路面现场测试规程
JTG F40   公路沥青路面施工技术规范
JTG F80/1 公路工程质量检验评定标准 第一册 土建工程
JTJ 073.2 公路沥青路面养护技术规范

3 术语

下列术语和定义适用于本文件。

3.1

多孔隙超薄磨耗层

多孔隙超薄磨耗层是采用摊铺设备将间断级配的热拌沥青混合料与改性乳化沥青黏层材料同步铺筑在下承层上，经碾压成型后混合料空隙率为 14%～16%，厚度为 1.5～2.5cm 的一种多孔隙薄层结构。

3.2

路面预防性养护

路面预防性养护指在路面没有结构性损坏，存在功能性缺陷的情况下，在不增加路面结构承载力的前提下，对路面有计划地采取某种具有费用—效益的措施，以实现保养路面系统、延缓损坏、保持或改进路面功能状况的目标。

4 适用条件

4.1 适用于沥青路面采用预防性养护，不能作为路面结构补强层。

4.2 适用于原沥青路面的结构强度系数（PSSI）为中等及以上且路面状况指数（PCI）评价为良等级以

1

上的沥青路面。

4.3 当原沥青路面车辙深度（RD）较深时（15mm＜RD≤40mm），应先对路面车辙进行填充，再进行多孔隙超薄磨耗层施工；当 RD＞40mm 时，不应采用多孔隙超薄磨耗层施工。

4.4 当路面裂缝宽度大于 3mm 时，应根据裂缝产生原因先对裂缝进行处理，处治方法参考 JTJ 073.2 进行处治，再进行多孔隙超薄磨耗层的施工。

4.5 当高速公路、一级公路原路面国际平整度指数（IRI）较差时，即 IRI＞3.5m/km，不宜采用多孔隙超薄磨耗层施工。

5 材料

5.1 沥青结合料

多孔隙超薄磨耗层应采用高黏改性沥青作为结合料，具体要求见表1。

表1 多孔隙超薄磨耗层改性沥青技术要求

试验项目		单位	技术要求	试验方法
密度（15℃）		g/cm³	实测	T 0603
针入度（25℃，100g，5s），不小于		0.1mm	50	T 0604
延度（5℃，5cm/min），不小于		cm	20	T 0605
软化点（TR&B），不小于		℃	70	T 0606
离析，48h 软化点差，不大于		℃	2	T 0661
运动黏度（135℃），不大于		Pa·s	3	T 0625
弹性恢复（25℃），不小于		%	90	T 0662
RTFOT 后残留物	质量变化，不大于	%	±1	T 0610
	针入度比（25℃），不小于	%	60	T 0604
	延度（5℃，5cm/min），不小于	cm	15	T 0605

5.2 黏层材料

多孔隙超薄磨耗层的黏层材料应采用改性乳化沥青，其技术要求应符合表2的规定。

表2 多孔隙超薄磨耗层改性乳化沥青技术要求

试验项目	单位	技术要求	试验方法
破乳速度	—	快裂	T 0658
粒子电荷	—	阳离子（+）	T 0653
赛波特黏度（25℃）	s	20～100	T 0623
储藏稳定性（24h），不大于	%	1	T 0656
筛上剩余量（1.18mm），不大于	%	0.05	T 0652
与矿料的黏附性，裹覆面积，不小于	—	2/3	T 0654

表2（续）

试验项目		单位	技术要求	试验方法
蒸发残留物	固含量，不小于	%	65	T 0651
	针入度(25℃,100g,5s)	0.1mm	60～150	T 0604
	延度(10℃,5cm/min)，不小于	cm	40	T 0605
	软化点(TR&B)，不小于	℃	55	T 0606
	溶解度(三氯乙烯)，不小于	%	97.5	T 0607
	弹性恢复(10℃)，不小于	%	60	T 0662

5.3 粗集料

多孔隙超薄磨耗层中粗集料规格应符合JTG F40中相关要求。粗集料宜采用玄武岩或辉绿岩，不应采用石灰岩。生产时宜采用整型机对生产的粗集料进行整型，整型后粗集料应表面粗糙、洁净、形状接近立方体、有良好的嵌挤能力，粗集料技术要求应符合表3的规定。

表3 多孔隙超薄磨耗层粗集料技术要求

项 目		单 位	技术要求	试验方法
集料表观相对密度，不小于		—	2.60	T 0304
集料压碎值，不大于		%	24	T 0316
坚固性，不大于		%	12	T 0314
洛杉矶磨耗损失，不大于		%	28	T 0317
集料吸水率，不大于		%	2.0	T 0304
针片状含量，不大于	混合料，不大于	%	12	T 0312
	粒径>9.5mm，不大于	%	10	
	粒径<9.5mm，不大于	%	15	
水洗法<0.075mm的颗粒含量，不大于		%	1.0	T 0310
软石含量，不大于		%	3	T 0320
磨光值，不小于		PSV	42	T 0321
含两个或多个破裂面的颗粒，不小于		%	90	T 0346
与沥青的黏附性，不小于		级	4	T 0616

5.4 细集料

多孔隙超薄磨耗层中细集料应采用由优质石灰岩经破碎机进行生产，其规格应满足JTG F40中相关要求。细集料应洁净、干燥、无风化、无杂质，且与沥青之间应有良好的黏附性能，其技术要求应符合表4的规定。

表4 多孔隙超薄磨耗层细集料技术要求

项目	单位	技术要求	试验方法
表观相对密度，不小于	—	2.50	T 0328
坚固性（>0.3mm），不大于	%	12	T 0340
砂当量，不小于	%	70	T 0334
棱角性（流动时间），不小于	s	30	T 0345

5.5 填料

多孔隙超薄磨耗层中填料应采用石灰岩或岩浆岩中的强基性岩石等憎水性石料经磨细得到的矿粉。石料中的泥土杂质应清除，矿粉应干燥、洁净，能从矿粉仓自由流出，其技术要求应符合表5的规定。

表5 多孔隙超薄磨耗层填料技术要求

项目		单位	技术要求	试验方法
表观密度，不小于		g/cm³	2.50	T 0352
含水量，不大于		%	1.0	T 0103 烘干法
粒度范围	<0.6mm	%	100	T 0351
	<0.15mm	%	90～100	
	<0.075mm	%	75～100	
外观		—	无团粒结块	
亲水系数		—	<1	T 0353
塑性指数		—	<4	T 0354
加热安定性		—	实测记录	T 0355

6 配合比设计

6.1 一般规定

6.1.1 多孔隙超薄沥青混合料的配合比设计，应根据原路面状况、交通量、气候条件等因素，选择适当的级配类型。

6.1.2 多孔隙超薄沥青混合料配合比设计步骤宜按照JTG F40中热拌沥青混合料配合比设计方法进行。

6.2 级配范围

6.2.1 多孔隙超薄沥青混合料级配范围应符合表6中的规定。

6.2.2 PUWC-10和PUWC-13具有构造深度大、摩擦性能优良的特点，PUWC-13与PUWC-10相比具有构造深度更大、摩擦性能更优的特点，主要应用在原路面平整度相对较差、车辙深度较深的大交通量路面上。

表6 多孔隙超薄磨耗层矿料级配范围

级配类型	通过下列筛孔(mm)的质量百分率(%)									
	16	13.2	9.5	4.75	2.36	1.18	0.6	0.3	0.15	0.075
PUWC-10	100	100	85~100	25~35	23~30	12~22	8~16	6~12	5~10	4~7
PUWC-13	100	85~100	60~80	23~35	23~30	12~22	8~16	6~12	5~10	4~7

6.2.3 多孔隙超薄磨耗层压实后厚度应满足表7中的规定。

表7 多孔隙超薄磨耗层厚度要求(单位:cm)

厚度要求	PUWC-10	PUWC-13
最小厚度	1.5	2.0
推荐厚度	2.0	2.5

6.3 多孔隙超薄磨耗层技术要求

对于PUWC-10和PUWC-13型混合料配合比设计方法,可参考JTG F40中马歇尔设计方法进行,混合料技术要求应符合表8中的规定。

表8 多孔隙超薄沥青混合料试验技术指标

试验项目	单位	技术要求	试验方法
试件尺寸	mm	φ101.6mm×63.5mm	—
马歇尔试件击实次数	次	双面击实50次	T 0702
空隙率 VV	%	14~16	T 0705
矿料间隙率 VMA,不小于	%	20	T 0708
沥青饱和度 VFA	%	30~50	T 0708
马歇尔稳定度 MS,不小于	kN	5	T 0709
析漏损失,小于	%	0.1	T 0732
肯塔堡飞散试验,小于	%	15	T 0733
残留稳定度,不小于	%	85	T 0709
冻融劈裂强度比,不小于	%	80	T 0729
动稳定度,不小于	次/mm	5000	T 0719

7 施工

7.1 原路面的处理

7.1.1 对原路面裂缝宽度小于3mm,可不进行处理。对裂缝宽度大于或等于3mm,应根据裂缝产生的原因进行处理。

7.1.2 对原路面局部破损(坑槽、松散等)应先彻底挖补。

7.1.3 对原路面拥包等隆起病害应采用铣刨或挖除处理。

7.1.4 多孔隙超薄磨耗层施工前,应清扫路面,保证下承层清洁、干燥。

7.2 施工环境条件

7.2.1 气温低于10℃时不应进行多孔隙超薄磨耗层施工。

7.2.2 不得在雨天施工。施工中遇雨或者施工后混合料尚未成型遇雨时,应在雨后将无法正常成型的混合料铲除。

7.3 施工机械设备

7.3.1 摊铺设备

7.3.1.1 多孔隙超薄磨耗层摊铺设备应包含受料斗、螺旋输送器、乳化沥青储罐、乳化沥青喷洒及计量系统、宽度可调节的振动熨平板等组件。

7.3.1.2 摊铺设备能一次性完成改性乳化沥青黏层材料的喷洒、热拌沥青混合料摊铺及熨平,且在改性乳化沥青喷洒5s内进行热拌沥青混合料摊铺。沥青混合料摊铺时,机械设备履带或其他部位不应接触喷洒在路面上的改性乳化沥青,且摊铺宽度可调。

7.3.2 压实设备

多孔隙超薄磨耗层压实宜采用12t双钢轮压路机进行压实。

7.3.3 其他设备

其他设备应按照JTG F40中的相关要求进行。

7.4 施工温度

7.4.1 多孔隙超薄磨耗层的施工温度应满足表9的规定。经试验段或施工实践证明表中规定温度不符合实际情况时,容许做适当调整。由于摊铺厚度较薄,摊铺温度宜选用高值。气温或路表温度较低时,施工温度应适当提高。

表9 施工温度范围(℃)

工　序	温度范围	测量部位
沥青结合料加热温度	160~165	沥青加热罐
集料加热温度	190~200	热料提升斗
混合料出厂温度	170~185	运料车
混合料废弃温度	195	运料车
摊铺温度,不小于	160	摊铺机
初压温度,不小于	150	摊铺层内部
复压温度,不小于	130	碾压层内部
开放交通时的路表温度,不大于	50	路表面

7.4.2 沥青结合料的加热温度不得超过175℃。

7.4.3 沥青混合料的温度应采用具有金属探测针的插入式数显温度计测量，不得采用玻璃温度计测量。在运料车上测量时宜在车厢侧板下方打一个小孔插入不少于15cm量取。

7.5 试验段铺筑

7.5.1 在多孔隙超薄磨耗层正式铺筑前，必须针对当地的气候、交通特点和材料情况，铺筑试验段，长度宜为200~500m。

7.5.2 多孔隙超薄磨耗层试验段铺筑用以验证配合比设计的沥青结合料用量、矿料级配，试验施工工艺。

7.5.3 试验段铺筑完成后，应提交试验段总结报告。

7.6 混合料的拌制

多孔隙超薄磨耗层沥青混合料的拌和应按照JTG F40中的相关要求进行。

7.7 混合料的运输

多孔隙超薄磨耗层沥青混合料的运输应按照JTG F40中的相关要求进行。

7.8 混合料的摊铺

7.8.1 摊铺多孔隙超薄沥青混合料时应同步喷洒改性乳化沥青黏层材料，改性乳化沥青温度应控制在60~80℃。对PUWC-10型混合料，喷洒量宜为0.85 L/m²，对PUWC-13型混合料，喷洒量宜为1.00L/m²。施工时，喷洒量应通过铺筑试验段适当调整确定，试验路段长度不得低于200m。

7.8.2 多孔隙超薄磨耗层摊铺速度宜达到8~12m/min。

7.8.3 多孔隙超薄沥青混合料摊铺除应满足本标准规定外，还应按照JTG F40中的相关要求进行。

7.9 压实

7.9.1 宜根据车道数量配备足够数量的碾压设备，每车道宜配备1~2台压路机，并通过试验段铺筑选择合理的压路机组合方式及初压、复压（无须终压）的碾压步骤，以达到最佳碾压效果。

7.9.2 碾压温度应符合表9的要求，碾压时应尽可能在高温度状态下碾压，中途不得等候。不应在低温度状态下反复碾压超薄磨耗层，防止磨掉集料棱角或压碎集料，破坏集料嵌挤作用。

7.9.3 压路机应紧跟、匀速碾压，压路机的碾压速度应符合表10的规定。

表10 碾压速度控制（单位：km/h）

压路机类型	初 压	复 压
双钢轮压路机	2~3	3~6

7.9.4 初压应紧跟摊铺机进行，初压宜采用12t钢轮压路机，静压1遍。

7.9.5 复压采用12t钢轮压路机，静压2~3遍，紧跟初压进行，纵向界限应重叠3~5m。

7.9.6 碾压施工时，应喷水使钢轮保持湿润，水中可掺加少量的清洗剂。但应严格控制水量以不粘轮为度，且喷水应为雾状，不得采用自流洒水压路机。

7.9.7 多孔隙超薄沥青混合料的压实除应满足本标准规定外，还应按照JTG F40中的相关要求进行。

7.10 接缝

接缝施工应按照JTG F40中的相关要求进行。

7.11 开放交通

多孔隙超薄磨耗层施工结束后，当路表温度低于50℃时，方可开放交通。

8 施工质量管理和验收

8.1 施工前的材料与设备检查

8.1.1 施工前应按照JTG F40及本标准中的相关要求对多孔隙超薄磨耗层的原材料进行检验，不符合本标准要求的材料不得进场使用。

8.1.2 施工前应对沥青拌和楼、摊铺机、压路机等各种施工机械和设备进行调试，对机械设备的配套情况、技术性能、传感器计量精度等进行检查、标定。

8.2 施工质量管理

8.2.1 应重视材料质量、施工温度和压实工序的管理，使混合料形成充分嵌挤并达到稳定的状态。

8.2.2 多孔隙超薄磨耗层施工过程中应设专人查看改性乳化沥青黏层材料的喷洒情况，当出现多洒、少洒或漏洒情况时，应立即停止摊铺并对设备进行调试，严重路段应将铺筑的混合料予以铲除。

8.2.3 多孔隙超薄磨耗层路面施工质量控制要求应符合表11的规定。

表11 多孔隙超薄磨耗层施工过程质量控制要求

项　目		频　率	质量要求或允许偏差	试验方法
厚度		每2000m²一次	设计值的－10%	T 0912
宽度		每1km 20个断面	不小于设计宽度	T 0911
混合料	外观	随时	观察集料粗细、均匀性、离析、油石比、色泽、冒烟、有无花白料、油团等各种现象	目测
混合料	温度	随时	符合本标准表9的规定	人工检测
混合料	矿料级配	每台拌和机每天1~2次	0.075mm，±2% ≤2.36mm，±3% ≥4.75mm，±4%	T 0725抽提筛分与标准级配比较的差
混合料	沥青用量	每台拌和机每天1~2次	±0.3%	T 0722
混合料	马歇尔试验	每台拌和机每天1~2次	符合本标准表8的规定	T 0702

8.3 工程质量检查与验收

多孔隙超薄磨耗层完工后，应将施工全线以1~3km作为一个评定路段进行质量检查和验收，检查项目、频率、要求及方法应符合表12的要求。

表 12 多孔隙超薄磨耗层交工验收要求

检查项目		检查频率	质量要求或允许偏差	试验方法
厚度	代表值	每 1km 5 个点	设计值的 −10%	T 0912
	极值	每 1km 5 个点	设计值的 −20%	T 0912
平整度		全线连续	不大于原路面平整度系数	T 0933
宽度		每 1km 20 个断面	不小于设计宽度	T 0911
构造深度		每 1km 5 点	≥1.0	T 0961
横向力系数		全线连续	≥65	T 0965
摩擦系数		每 1km 5 点	≥55	T 0964

版权专有　不得翻印　侵权必究
举报电话:(0871)63215572